Birgit Adam

Welches Tier steckt im Kaffee?

Die 1000 lustigsten Scherzfragen

© 2012 SchneiderBuch
verlegt durch EGMONT Verlagsgesellschaften mbH,
Gertrudenstraße 30–36, 50667 Köln
Alle Rechte vorbehalten
Titelbild und Innenillustrationen: Barbara Hömberg
Umschlaggestaltung: Hohl & Wolf, Hainburg
Satz: Hans Winkens, Wegberg
Druck/Bindung: GGP Media GmbH, Pößneck
ISBN 978-3-505-12885-1

12 13/8 7 6 5 4 3 2 1

Inhalt

Mensch, ärgere dich nicht! 7

Tierisch lustige Scherzfragen 43

Lustiges Beruferaten 89

In Ulm und um Ulm herum 111

Buntes Scherzfragen-Allerlei 129

Seltsame Gemeinsamkeiten und
    kuriose Unterschiede 221

Saudumme Fragen 247

Mensch, ärgere dich nicht!

Wer ist der ärmste Mensch?
Der Radfahrer, er muss sogar Luft „pumpen".

Warum sind die Schotten die mutigsten Männer?
Weil ihnen das Herz nicht in die Hose rutschen kann.

Welcher Hut ist für den Kopf eines Menschen zu klein?
Der Fingerhut.

Was setzt ein Mann als Erstes in seinen Garten?
Seinen Fuß.

9

In welchem Monat essen die Chinesen am wenigsten Reis?
Im Februar, weil er die wenigsten Tage hat.

Welcher Reisende sieht nichts?
Der blinde Passagier.

Warum sind Glatzköpfe friedliche Menschen?
Weil sie sich nicht in die Haare kriegen.

Wer geht gern früh nach Hause?
Wer über Nacht nicht zu Hause war.

Wer ist besser dran, das Alphabet oder der Mensch?
Das Alphabet, denn es hat nur ein „W" – der Mensch aber hat viele Wehs.

Was kann sich ein Bettler immer, ein Millionär aber nie verschaffen?
Ein Armutszeugnis.

Was hört alles und sagt nichts?
Das Ohr.

Welche Mutter hat keine Kinder?
Die Schraubenmutter.

Wann ist man am liebsten alleine?
Bei einer Erbschaft.

Wem steht das Wasser bis zum Hals?
Demjenigen, der in der Badewanne sitzt.

Was kannst du nehmen oder halten, ohne ein Dieb zu sein?
Abstand.

Was kann nur der Taube hören und nur der Blinde sehen?
Nichts.

Welchen Wall findet man oft in Schulen?
Den Krawall.

Was kannst du beim Frühstücken sehen, das vor dir noch kein Mensch gesehen hat?
Das Innere deines Frühstückseis.

Was sagt der Kannibale zum Missionar?
Bleiben Sie doch zum Essen!

Warum sollte unter Freunden der Wein nie verunreinigt werden?
Damit man sich stets reinen Wein einschenken kann.

Was steht hinter der Bundeskanzlerin?
Das Fragezeichen.

Welche Wurst kann eine Wurst essen?
Der Hanswurst.

Welche Taschen können sprechen?
Die Plaudertaschen.

Wie sieht ein Anhalter aus, der Glück hatte?
Mitgenommen.

In welchen Adern fließt kein Blut?
In den Erzadern.

14

Auf welchem Po können Kinder auch sitzen?
Auf dem Pony.

In welchen Bauch geht besonders viel hinein?
In den Schiffsbauch.

Warum hat Eva im Paradies gerufen: „Adam, wo bist du?"?
Weil Adam nicht Peter hieß, sonst hätte sie „Peter" gerufen.

Welche Kleidungsstücke tragen Cowboys am liebsten?
Wilde Westen.

15

Welcher Wurm kann sprechen?
Der Bücherwurm.

Welches Schloss kann sich jedermann leisten?
Ein Luftschloss.

Was ist ein Katzenmensch?
Ein Katzenmensch ist jemand, der zur Arbeit schleicht, die Pfoten auf den Tisch legt und auf die Mäuse wartet.

Wenn Pfadfinder im Wald ohne Kompass nach Osten gehen, was haben sie dann hinter sich?
Ihre Rucksäcke.

Wer ist der höflichste Autofahrer?
Der Geisterfahrer, weil er immer so entgegenkommend ist.

Gibt es tatsächlich Menschen mit mehr als einem Mund?
Ja, Waisenkinder, denn sie haben einen Vormund.

Welcher Mann wird stets unschuldig aufgehängt?
Der Hampelmann.

Welcher Bart kann nicht abrasiert werden?
Der Schlüsselbart.

17

Warum werden die Menschen beim Fernsehen so leicht müde?
Weil sie auf die Mattscheibe starren.

Womit kann man in guter Gesellschaft leicht anstoßen?
Mit einem Glas.

Was können Kinder machen, das niemand sehen kann?
Lärm.

Wo kann kein Mensch etwas stehlen?
Wo nichts ist!

Wann steckt jemand bis über beide Ohren in Schulden?
Wenn er eine unbezahlte Perücke trägt.

Wann steht der König auf einem Bein?
Wenn er auf sein Pferd steigt oder sich eine Hose anzieht.

Was macht man, wenn eine neue Sintflut droht?
Man wandert nach Ostfriesland aus, denn dort passiert alles 50 Jahre später.

Warum schauen die Schotten so oft über den Rand ihrer Brille?
Sie wollen ihre Brillengläser schonen.

19

Wo hat Adam seinen ersten Apfel genommen?
Am Stiel.

Wie kann ein Clown aus einer normalen Straße eine Allee machen?
Er schlägt ganz viele Purzelbäume und pflanzt sie ein.

Was für Schüsse treffen meist ältere Leute?
Hexenschüsse.

Was kann man verlieren und hat es doch immer bei sich?
Seinen Kopf.

Wer kommt zum Ersten in die Schule?
Der Zweite.

Welche Zähne bekommt man zuletzt?
Die falschen Zähne.

Was für Reiche können auch arm sein?
Österreicher.

Wie kann man sich von innen besehen?
Wenn man sich vor Lachen ausschüttet.

Was haben Vater und Mutter gemeinsam?
Ihre Kinder.

21

Was dauert nur eine Minute, aber manche Leute sitzen oft stundenlang dran?
Der Mittag.

Welche Frau ist von vorne und hinten gleich?
Den Namen „Anna" kann man vorwärts und rückwärts lesen.

Warum dürfen Ex-Häftlinge keine Bobfahrer werden?
Weil sie nicht auf die schiefe Bahn geraten dürfen.

Wann sind Hunger und Durst empfehlenswert?
Wenn es sich um Bildungshunger und Wissensdurst handelt.

Wer war der einzige Mann, der die Zehn Gebote gehalten hat?
Moses, denn er hielt die Steintafeln, auf denen die Zehn Gebote standen.

Wo lässt Herr Schmidt sein Auto, wenn er ins Bett geht?
Auf den Rädern.

Was bestellt der Kannibale im Feinschmecker-Restaurant?
Den Kellner zu sich an den Tisch.

Was hat die Wurzel oben?
Die Nase.

Wem kann man ein Geheimnis ohne Bedenken anvertrauen?
Dem Lügner.

Von wann bis wann lebte der klügste Mensch aller Zeiten?
Von seiner Geburt bis zu seinem Tod.

Welcher Bus fuhr über das Meer?
Kolumbus.

Zehn große Männer stehen unter einem einzigen Regenschirm und werden doch nicht nass. Warum?
Weil es nicht regnet.

Was macht das Fernsehen aus dem Familienkreis?
Einen Halbkreis.

Was ist ein Kannibale, wenn er seine Eltern und seinen einzigen Bruder gegessen hat?
Der einzige Erbe.

Wo findet ein Verbrecher Sympathie?
Im Wörterbuch.

Wer hat in Hamburg die meisten Kinder?
Der Lehrer in der Schule.

25

Wie konnten die Menschen früher ohne Telefon leben?
Sie konnten es nicht und sind gestorben.

Was macht man, wenn jemand tiefer schlafen will?
Man sägt die Beine seines Bettes ab.

Welchen Menschen fehlt es an Geschirr?
Denen, die nicht alle Tassen im Schrank haben.

Was hindert einen Reiter daran, auf dem Pferd zu sitzen?
Der Sattel.

Welches Spiel kannst du geben oder nehmen?
Das Beispiel.

Was hatten die alten Römer in ihren Kochtöpfen?
Einen Boden.

Warum kaufen sich Jungen und Mädchen eigentlich Eis?
Weil sie es nicht umsonst bekommen.

Warum haben die Ostfriesen den Sturzhelm auf dem Kopf, wenn sie Zeitung lesen?
Damit sie von den Schlagzeilen nicht so hart getroffen werden.

Wo wird heute noch ein Kaiser gekrönt?
Auf dem Kopf.

Was hat ein Mensch noch nie erzählt?
Dass er gestorben ist.

Wer ist gestorben, aber nicht geboren?
Adam und Eva.

Gegen was fällt ein Mensch, wenn er hinfällt?
Gegen seinen Willen.

Was ist schlechte Kameradschaft?
Wenn nur der Kamerad schafft.

Was hat der Arme, was der Reiche nicht hat,
was der Verschwender spart und der Geizige gibt?
Nichts.

Was ist ein Kannibale, nachdem er seinen Vater gegessen hat?
Satt.

Was ist ein Kannibale, nachdem er seinen Vater und seine Mutter gegessen hat?
Vollwaise.

Was machen alle Menschen auf der ganzen Welt zur gleichen Zeit?
Älter werden.

Was ist ein Pessimist?
Ein Mensch, der ein vierblättriges Kleeblatt nicht pflückt, weil er Angst hat, ein Regenwurm könnte ihn beißen.

Was ist die fröhlichste Krankheit?
Der Scharlach.

Was ist ein Kettenraucher?
Ein Raucher, der nur ein einziges Streichholz pro Tag verbraucht.

Zu welcher Zeit setzen sich die meisten Menschen auf ihren Hosenboden?
Zu den Mahlzeiten.

Was solltest du bei Kreislaufbeschwerden machen?
Einfach immer geradeaus laufen.

Warum können Nonnen nicht heiraten?
Weil sie schon unter der Haube sind.

Wie ist der Kupferdraht erfunden worden?
Zwei Schotten stritten sich um eine Kupfermünze.

Was ist der seltsamste Teil des Menschen?
Die Nase: Sie hat die Wurzel oben, die Flügel unten und den Rücken vorne.

31

Welcher Schläger tut nicht weh?
Der Schaumschläger.

Was ist nackter als nackt, so nackt, dass es knackt?
Ein Skelett.

Was kann jemand tun, der mit seinem Latein am Ende ist?
Griechisch lernen.

Welches ist die überzeugendste Behauptung der Indianer?
Der Federschmuck.

Worauf muss ein Einbrecher in einem Möbelgeschäft besonders achten?
Dass er nicht vermöbelt wird.

Weshalb stehen die Nasenlöcher nicht nach oben?
Weil es sonst hineinregnen würde.

Wer kann ohne Flügel fliegen?
Jeder, der sich ein Flugticket leisten kann.

Was isst ein Optimist im Restaurant?
Muscheln, denn er hofft, eine Perle zu finden.

Was ist der Mensch, der immer Ordnung hält?
Zu faul, um zu suchen.

Mit welcher Kehle kannst du nicht singen?
Mit der Kniekehle.

Welche Kunden werden nie bedient?
Die Sekunden.

Welcher Möchtegernsportler schreit ohne Grund?
Der Nichtschwimmer.

Was hältst du von einem Kännchen Milch?
Den Henkel.

Welche Fähigkeit ist bei Erwachsenen sehr beliebt?
Die Zahlungsfähigkeit.

Welcher Spieler verliert nicht viel?
Der Klavierspieler.

Wer bin ich? Nur ich selbst kann über mich sprechen.
Die Zunge.

Wo geht man hinein und nach genau einem Jahr wieder hinaus?
Ins Kalenderjahr.

35

Warum sind die größten Leute die faulsten?
Weil sie am längsten im Bett liegen.

Warum ist jeder ein Entdecker?
Weil man sich jeden Morgen ent-deckt (die Bettdecke zurückschlägt).

Welche Watte braucht ein Mann?
Die Krawatte.

Wie kann sich ein Radfahrer selbst über den Fuß fahren?
Mit der Hand.

Wann ist der Mann Herr im Haus?
Wenn die Frau ausgegangen ist.

Was kannst du mal verlieren, ohne gleich ärmer zu sein?
Das Bewusstsein.

Auf welche Berge freut sich ein müder Wanderer?
Auf die Herberge.

Warum haben Ostfriesen stets einen Spaten neben dem Fernseher?
Wenn ein Kanal ausfällt, können sie gleich einen neuen graben.

37

Welches sind die wichtigsten Krankheiten?
Die Hautkrankheiten, denn sie geben den Ausschlag.

Was ist bei einem Flugzeugabsturz wichtiger als Geistesgegenwart?
Die Abwesenheit des Körpers.

Zu welchen Zeiten ist der Faule tätig?
Zu den Mahlzeiten.

Warum essen Chinesen mehr Reis als Japaner?
Weil es mehr Chinesen als Japaner gibt.

Wann sind alle Menschen gleich?
Wenn sie verschieden (= gestorben) sind.

Wo trifft man den Nagel?
Auf den Kopf.

Wann darf ein Autofahrer während der Fahrt schlafen?
Wenn er im Autoreisezug fährt.

Mit welchem Pass kommt man nicht durch die Grenzkontrolle?
Mit dem Kompass.

Welcher Peter macht den größten Lärm?
Der Trompeter.

Wann werden Vater und Sohn Brüder?
Wenn sie zusammen in ein Kloster gehen.

Wer ist ein gemachter Mann?
Der Schneemann.

Woher kommt die Beredsamkeit eines rheinischen Büttenredners?
Aus seinem Mund.

Was ist ein Kannibale?
Ein gastfreundlicher Mensch, denn er hat gerne Menschen zum Essen.

Welches sind die kleinsten Schützen?
Die ABC-Schützen.

Was ist noch schlimmer als ein Hochstapler?
Zwei Hochstapler.

Warum müssten Reisebusse eigentlich fünf Meter breit und nur einen Meter lang sein?
Weil immer alle Leute vorne sitzen wollen.

41

Wer hat meistens Risse im Kopf?
Der Architekt, nämlich Grundrisse.

Wer ermüdet zuerst: du oder der, der dich trägt?
Du, denn der Stuhl wird nie müde.

Von welchen Gaben kann keiner leben?
Von den Ausgaben.

Tierisch lustige Scherzfragen

44

Welche Vögel, die aus Eiern schlüpfen, legen selbst keine Eier?
Alle männlichen Vögel.

Warum schämt sich das Ferkel?
Weil seine Mutter eine Sau ist.

Womit hat ein Tausendfüßler beim Autofahren die meisten Schwierigkeiten?
Er weiß nie, mit welchem Fuß er Gas geben soll.

Was sitzt mitten auf dem Misthaufen und macht „Kikeriki"?
Ein Papagei, der die Hühner ärgern will.

45

Welcher ist der dreckigste Vogel?
Der Schmutzfink.

Welches ist der schnellste Käfer?
Der mit dem Motor (VW-Käfer).

Wann fliegen die Zugvögel nach Süden?
Wenn ihr Schwanz nach Norden zeigt.

Welches Tier hat die dümmsten Eltern?
Das Kalb, weil seine Eltern Rindviecher sind.

Warum kann ein Känguru nicht Rad fahren?
Weil es keinen Daumen zum Klingeln hat.

46

Warum hebt der Storch ein Bein, wenn er sich ausruhen will?
Wenn er beide Beine heben würde, würde er umfallen.

Was ist bei der Mücke größer als beim Kamel?
Das „M".

Warum kann man ein lebendiges Kaninchen nicht in einem leeren Sack transportieren?
Weil der Sack nicht mehr leer ist, wenn das Kaninchen drin ist.

Woher kommt eine Ente, die auf der Höhe von Paris die Seine hinunterschwimmt?
Aus einem Ei.

47

Welche Schlangen sieht man auf der Straße?
Autoschlangen.

Wo sagen sich Fuchs und Hase gute Nacht?
Im Freien.

Was bekommst du, wenn du eine Brieftaube mit einem Specht kreuzt?
Einen Vogel, der nicht nur die Post zustellt, sondern auch noch vorher anklopft.

Was ist am dichtesten hinter der Kuh?
Der Schwanz.

48

Eine Taube kann eher einen Eimer Hafer fressen als ein Pferd. Stimmt das?
Ja, denn eine Taube kann auf keinen Fall ein Pferd fressen.

Welche Tiere fehlten in der Arche Noah?
Die Fische.

Was ist schwärzer als der Rabe?
Sein Gefieder.

Warum frisst ein richtiger Deutscher Schäferhund die Wurst nie mit der Haut?
Ein Deutscher Schäferhund frisst immer mit der Schnauze.

Welche Wölfe heulen nicht?
Die Fleischwölfe.

Welcher Hahn kräht nicht?
Der Wasserhahn.

Wie viele Beine hat ein Elefant?
Sechs. Vier Beine und zwei Stoßzähne aus Elfenbein.

Was kommt einer Katze am nächsten, die ihre Nase ans Fenster drückt und einen Vogel im Garten beobachtet?
Die Fensterscheibe.

Welcher ist der wärmste Vogel?
Das Möwchen, es hat hinten ein Öfchen.

Welches Tier ist am stärksten?
Die Schnecke, denn sie trägt ihr Haus auf dem Rücken.

Welcher Löwe konnte so laut brüllen, dass es alle Menschen auf der Welt gehört haben?
Der Löwe auf der Arche Noah.

Warum gucken die Hasen immer nach hinten, wenn sie von einem Hund verfolgt werden?
Weil sie hinten keine Augen haben.

51

Welche Hunde leben in engen Behältern?
Rollmöpse.

Warum sehen Katzen erst nach rechts und dann nach links, wenn sie in ein Zimmer kommen?
Weil sie nicht in beide Richtungen gleichzeitig gucken können.

Welche Tiere feiern ihr ganzes Leben lang Geburtstag?
Die Eintagsfliegen.

Welcher Bock frisst kein Gras?
Der Sägebock.

Warum haben die Fische Schuppen?
Damit sie ihre Fahrräder abstellen können.

Was für Haare hat ein achtjähriger einäugiger und humpelnder Kater?
Katzenhaare.

Wieso entschuldigt sich eine Giraffe so selten?
Weil es bei einer Giraffe sehr lange dauert, bis sie ihren Stolz hinunterschluckt.

Welches Kind kommt mit einem Schnurrbart auf die Welt?
Das Katzenkind.

Welche Vögel verstecken sich im Graben?
Die Raben.

Wie nennt man Ratten, die Bücher verschlingen?
Leseratten.

Wie kommt eine Ameise über den Fluss?
Sie nimmt das „A" weg und fliegt hinüber.

Warum hüpft der Sperling über die Straße?
Weil er auf die andere Seite will.

Singt die Amsel auswendig?
Nein, sie singt vom Blatt.

Welche Mausefalle hat fünf Buchstaben?
Die Katze.

Welcher Löwe ist am liebsten in der Stadt?
Der Partylöwe.

Was macht ein Elefant auf der Autobahn?
Höchstens fünf Kilometer pro Stunde.

Welcher Vogel ist meistens traurig?
Der Pechvogel.

Was macht der Hamster im Supermarkt?
Hamsterkäufe.

Unter welchem Busch sitzt ein australisches Känguru, wenn es regnet?
Unter einem nassen Busch.

Wenn drei Esel in einem Stall stehen, welcher ist dann der klügste?
Der kleinste, denn die anderen sind größere Esel.

Welcher Hase ist nicht zum Essen?
Der Angsthase.

Warum wollte der intelligente Fisch nach seinem Abitur im Rhein schwimmen?
Weil er Chemie studieren wollte.

Wie weit läuft der Hirsch in den Wald?
Bis zur Hälfte, dann läuft er wieder hinaus.

Was für Augen hat ein schwarzer Kater mit einem weißen Fleck auf der Stirn?
Katzenaugen.

Was wünschte sich der Tausendfüßler zum Geburtstag?
Ein Fahrrad mit tausend Pedalen.

Wenn der Kopf des Pferdes nach Norden zeigt, wohin zeigt dann sein Schwanz?
Nach unten.

57

Welches Huhn legt keine Eier?
Das Suppenhuhn.

Warum kann ein Pferd niemals Schneider werden?
Weil es das Futter frisst.

Welcher Vogel trägt kein Federkleid?
Der Spaßvogel.

Weißt du, wie lange Regenwürmer leben?
Genauso wie kurze.

In welchem Verhältnis stehen Pferd und Wagen?
In einem gespannten.

Welcher Hund sieht hinten gleich schlecht wie vorne?
Ein blinder Hund.

Wie viele Forellen gehen in ein Netz von drei Quadratmetern?
Sie gehen nicht hinein, sie schwimmen hinein.

Wie sagst du „Guten Morgen" zu einem sibirischen Tiger?
Vorsichtig und aus großer Entfernung.

Warum sind die Fußspuren eines Elefanten immer so rund?
Damit seine Füße hineinpassen.

Wann macht ein Elefant einen Salto?
Nie!

Warum haben Pferde so oft feuchte Beine?
Weil sie beschlagen sind.

Wieso macht der Hahn beim Krähen die Augen zu?
Er kennt die Melodie auswendig.

Warum hat die Giraffe einen so langen Hals?
Weil sie den Kopf so hoch trägt.

Wann fangen die Gänslein zu schwimmen an?
Wenn sie ins tiefe Wasser kommen.

Was sind die ungefährlichsten Raubtiere?
Papptiger und Plüschbär.

Was entsteht, wenn zwei Tausendfüßler sich umarmen?
Ein Reißverschluss.

Was macht ein besonders fauler Affe, wenn er Lust auf Kokosnüsse hat?
Er bringt seine Frau auf die Palme.

Ruft der Kuckuck vor Pfingsten oder nach Pfingsten?
Der Kuckuck ruft im Normalfall immer „Kuckuck!".

Wie nennt man einen glatzköpfigen Hirsch?
Ka(h)lender.

Wie viele Beine haben sieben große und drei kleine Rehe?
Rehe haben Läufe, keine Beine.

Warum läuft der Hund Bello immer in die Ecke, wenn die Glocke läutet?
Weil Bello ein Boxer ist.

Wieso kannst du einem Krokodil alles erzählen?
Ein Krokodil schluckt einfach alles.

Warum hat der Schwan so einen langen Hals?
Damit er bei Hochwasser nicht ertrinkt.

Welches Tier geht auf dem Kopf?
Die Laus.

Warum fliegen die Störche im Herbst nach Afrika?
Weil die Menschen dort auch Kinder haben wollen.

Warum lassen sich Fledermäuse tagsüber hängen?
Weil sie nachts ein flatterhaftes Leben führen.

Warum können Fische nicht reden?
Weil sie das Maul voller Wasser haben.

Welcher Vogel sieht dem Storch am ähnlichsten?
Die Störchin.

Warum trinken Mäuse nie Alkohol?
Weil sie den Kater fürchten.

Welches Tier frisst am wenigsten?
Die Motte, sie frisst nur Löcher.

Welche Pferde haben nur ein Bein?
Die Steckenpferde.

Können Füchse fliegen?
Ja, „Kleine Füchse" (= Schmetterlinge).

Warum legen Hühner Eier?
Wenn sie sie werfen würden, gingen sie kaputt.

Wenn der Walfisch zu den Säugetieren gehört, wozu gehört dann der Hering?
Zu den Pellkartoffeln.

Wie kann ein Bauer mit Sicherheit verhindern, dass die Mäuse sein Korn fressen?
Der Bauer schenkt den Mäusen sein Korn. Dann fressen sie nicht sein Korn, sondern ihr Korn.

65

Was hängt an der Wand und hält ohne Nagel und Band?
Das Spinnennetz.

Was sitzt auf dem Baum und ruft „Aha!"?
Ein Uhu mit Sprachfehler.

Welcher Vogel trägt einen Rucksack?
Der Wandervogel.

Warum sind die Hunde in der Wüste so schnell und schlank?
Weil die Bäume so weit auseinander stehen.

Was hat zwölf Beine und fliegt durch die Luft?
Sechs Vögel.

Wann ist eine Kuh eine Kuh?
Wenn sie ganz alleine ist. Wenn mehrere da sind, nennt man sie Kühe.

Welches Pferd frisst keinen Hafer?
Das Seepferdchen.

Welche Spatzen fliegen nie?
Die Kässpatzen.

67

Welcher Hammel ist kein Tier?
Der Neidhammel.

Welches Tier ist hoch geboren?
Der Storch.

Was ist 3 hoch 1 (3^1)?
Ein Hund, der ein Bein hebt.

Was lieben Katzen ebenso wie begeisterte Schwimmer?
Das Kraulen.

Womit weckt man einen wilden Löwen?
Mit äußerster Vorsicht.

Was macht der Storch, wenn er auf einem Bein steht?
Er hebt das andere Bein hoch.

Warum bekommt das Schwein nichts zum Geburtstag?
Weil es ein Sparschwein ist.

Welches Tier gibt es bei uns nicht?
Die Maus, wenn eine Katze in der Nähe ist.

69

Wie bleibt ein Hühnchen am besten frisch?
Indem man es am Leben lässt.

Welches Tier hat kein Messer, aber Löffel?
Der Hase.

Warum streckt der Vogel Strauß den Kopf in den Sand, wenn Gefahr droht?
Wenn er ihn ins Wasser stecken würde, würde er ertrinken.

Warum flog der Steinadler über den Berggipfel?
Weil er nicht darunter durchfliegen konnte.

70

Warum wedelt der Hund mit dem Schwanz?
Weil der Schwanz nicht mit dem Hund wedeln kann.

Wie liegt die Katze auf der Mauer?
Hart und unbequem.

Welches Kätzchen hat ein samtweiches Fell, schnurrt niemals und sagt auch nicht „miau"?
Das Weidenkätzchen.

Welches Ross läuft nie im Galopp?
Das Walross.

71

Welche Tiere stehen mit den Füßen gegeneinander?
Eisbären und Pinguine an Nord- und Südpol.

Wie kommen Flöhe zum Menschen?
Schwarzbraun.

Wo liegt die Ente am wärmsten?
Im Bratrohr.

Welche Vögel kommen nie auf einen grünen Zweig?
Pech- und Galgenvögel.

Wie nennt man englische Hundebesitzer?
Dogmen.

Warum haben Fische keine Haare?
Weil sie Schuppen haben und nichts dagegen tun.

Was ist ein Goldfisch?
Eine Sardine, die auf Öl gestoßen ist.

Welche Höhle ist von keinem Tier bewohnt?
Die Rachenhöhle.

Wie nennt man junge Schafe auf bayerisch?
Di-lemma.

73

Wie viele Nägel braucht ein gut beschlagenes Pferd?
Keine.

Wie sagen sich die Bienen „Alles Gute zum Geburtstag"?
Sie sagen es durch die Blume.

Wann sind Gänseriche in Wirklichkeit Gänse?
Wenn sie gebraten sind, denn dann heißen sie immer „Gänsebraten".

Welche Fische haben die Augen am engsten zusammen?
Die kleinen.

Wer hat die Hühneraugen am Kopf?
Das Huhn.

Welches Tier geht im Mantel spazieren?
Der Floh.

Was ist der Hauptverwendungszweck von Kuhhaut?
Sie hält die Kuh zusammen.

Welche Tiere haben zwei Nasen?
Der Nasenbär und das Nashorn: eine im Gesicht und eine im Namen.

Welche Ente haben die Bankiers am liebsten?
Prozente.

Warum hat der Hahn nur zwei Augen?
Weil er keine Hühneraugen hat.

Was hat der Affe am Kopf, der Spatz am Bauch und das Zebra am Schwanz?
Den Buchstaben „A".

Was hat mehr Beine: ein Pferd oder kein Pferd?
Natürlich kein Pferd. Ein Pferd hat vier Beine, aber kein Pferd hat fünf Beine.

Was ist das kälteste Tier?
Der Zeisig. Er ist hinter dem „Z" eisig.

Welche Enten trinken gerne Bier?
Studenten.

Welche Kuh ist nicht wasserscheu?
Die Seekuh.

Was ist das witzigste aller Tiere?
Das Pferd, denn es kann eine ganz Straße veräppeln.

77

Welcher Kater fängt keine Mäuse?
Der Muskelkater.

Welche Worte hört ein Hai am liebsten?
"Mann über Bord!"

Warum stellt die Post keine Schildkröten als Briefträger ein?
Weil Schildkröten nicht lesen können.

Stimmt es, dass es Unglück bringt, wenn dir eine schwarze Katze über den Weg läuft?
Ja, aber nur wenn du eine Maus bist.

Welcher Esel schreit nicht „iah"?
Der Drahtesel.

Was verschlingt ein Tiger als Erstes, wenn ihm alle Zähne gezogen worden sind?
Den Zahnarzt.

Was wird ein Kalb, wenn es ein Jahr alt ist?
Es wird irgendwann zwei Jahre alt.

Was bekommst du, wenn du einen Igel mit einem Regenwurm kreuzt?
Stacheldraht.

Wann kann ein Löwe bauchreden?
Wenn er den Dompteur verschluckt hat.

Wer hüpft auch im Winter im Hemd herum?
Der Floh.

Welcher Hund ist am glücklichsten?
Der Pudel, wenn er sich wohl fühlt.

Wie kann ein Hund draußen und drinnen Haare haben?
Wenn er seinen Kopf aus der Hundehütte herausstreckt.

80

Welches Tier arbeitet für die Geheimpolizei?
Die Wanze.

Was kann eine Maus genauso anhalten wie ein Elefant?
Den Atem.

Was hüpft von Ast zu Ast und kann nicht zwitschern?
Das Eichhörnchen.

Bei welchem Tier sind die Knochen außen und das Fleisch innen?
Beim Krebs.

81

Welches Tier hat das beste Fernsehprogramm?
Der Kabeljau.

Wie viele Flöhe gehen in einen Fingerhut?
Keiner. Flöhe gehen nicht, sie hüpfen.

Was ist der Vorname des Rehs?
Kartoffelpü.

Warum dürfen Goldfische keinen Wein trinken?
Damit sie nicht blau werden.

Welches Tier ist am eitelsten?
Der Hahn, denn er trägt ständig einen Kamm.

Was für einen Hund hatte Dracula?
Natürlich einen Bluthund.

Was ist schlimmer als ein Stinktier in einer Parfümfabrik?
Zwei Stinktiere in der Parfümfabrik.

Welche Krötenart gerät leicht auf die schiefe Bahn?
Die Halunken.

Welcher Hund bewacht kein Haus?
Der Seehund.

Warum sind die Hunde so böse auf die Briefträger?
Weil sie so selten Post bekommen.

Welche Laken eignen sich nicht als Bettwäsche?
Die Kakerlaken.

Welcher Vogel lebt nur von Wind und Wetter und hat ein Federkleid, das härter noch als Stein ist?
Der Wetterhahn.

Was können Hunde haben, was sonst keine anderen Tiere der Welt haben?
Junge Hunde.

Wie küssen sich die Igel?
Ganz vorsichtig!

Was ist noch schlimmer als ein tollwütiger Fuchs?
Zwei tollwütige Füchse.

Welche Stelzen können alleine gehen?
Die Bachstelzen.

Was sagt der Affenvater, wenn er seinen neugeborenen Nachwuchs beguckt?
„Anfangs sehen sie immer wie Menschen aus, aber das gibt sich."

85

In welchem Getränk versteckt sich ein Tier?
Der Affe im Kaffee.

Warum muht eine bayerische Kuh nie sonntags?
Weil sie nicht „sonntags" sagen kann.

Welche Tiere müsste man ölen?
Die Mäuse, denn sie quietschen.

Was kommt heraus, wenn man einen Papagei mit einer Taube kreuzt?
Ein Vogel, der im Flug nach dem Weg fragen kann.

Warum hat das Zebra Streifen?
Damit man es nicht für ein Pferd hält.

Welche Tiere haben Ganoven am liebsten?
Mäuse.

Was macht ein Löwe auf dem Eisberg?
Frieren.

Welche Hunde treten zu Weltmeisterschaften an?
Die Boxer.

Welchen Puter kann man nicht essen?
Den Computer.

Wann hat die Henne am meisten Federn?
Wenn der Hahn draufsitzt.

Wie heißt der klebrigste Vogel?
Uhu.

Lustiges Beruferaten

Wer kann, während er seinen Beruf ausübt, den Mond am Himmel nicht sehen?
Der Astronaut auf dem Mond.

Was ist ein Sattelschlepper?
Ein Cowboy, dem das Pferd durchgegangen ist.

Was denkt ein Schornsteinfeger, wenn er über einen Zebrastreifen läuft?
Man sieht mich, man sieht mich nicht.

Was sagte der Architekt bei der Planung des Turms von Pisa?
Wird schon schief gehen.

Warum kann ein Schäfer nicht alle seine Schafe zählen?

Weil er beim Zählen einschläft.

Wann darf ein Bauer lügen?

Wenn „pf" davor steht.

Warum macht der Förster Ringe um die Kiefernstämme?

Damit er Oberkiefer und Unterkiefer unterscheiden kann.

Wann funkt ein Astronaut zur Erde: „Alles in Butter"?

Wenn er die Milchstraße kreuzt.

Wer ist der größte Angeber?
Der Chirurg, denn er schneidet auf.

Wer verdient sein Geld im Handumdrehen?
Der Mann an der Drehorgel.

Wann ist der Müller ohne Kopf in der Mühle?
Wenn er zum Fenster hinausschaut.

Wer lebt von der Hand in den Mund?
Der Zahnarzt.

Vor wem muss jeder den Hut abnehmen?
Vor dem Friseur.

Wer hat einen Mangelberuf?
Derjenige, der an der Wäschemangel arbeitet.

Wann ist der Bäcker zu bedauern?
Wenn er brotlos geworden ist.

Welche Hosen kann kein Schneider machen?
Windhosen.

Wozu hat der Bäcker eine weiße Mütze?
Zum Aufsetzen.

Wer schafft es, jedes Auto zu überholen?
Der Automechaniker.

94

Wer nimmt etwas und nimmt dabei doch nichts weg?
Der Schneider, wenn er Maß nimmt.

Welcher Handwerker freut sich über den schlechten Absatz?
Der Schuster.

Wer verdient sein Geld, ohne auch nur einen Tag zu arbeiten?
Der Nachtwächter.

In welchem Beruf kann man auch mal zerstreut sein?
Als Installateur. Da darf man schon mal ein Rohr verlegen.

95

Was macht ein Glaser, wenn er kein Glas mehr hat?
Er trinkt aus der Flasche.

In welchem Beruf muss man am meisten leiden?
Als Briefträger, denn man muss viel einstecken können.

Was macht ein Beamter, wenn er auf die Schnauze fällt?
Er nimmt die Hände aus den Hosentaschen.

Zwei Gärtner wollen Rosen pflanzen. Womit fängt jeder an?
Mit „J".

96

Warum ist der Polizist der stärkste Mann der Welt?
Er kann einen Laster mit einer Hand aufhalten.

Wann ist ein Friseur am gefährlichsten?
Wenn er Gesichter schneidet.

Warum beten die Bauern ums tägliche Brot?
Damit es immer frisch ist.

Vor wem bücken sich die Bauern bis zur Erde?
Vor Rüben und Kartoffeln im Acker.

Wer ist besonders geschickt?
Der Bote.

Warum gilt ein Transportunternehmer als besonders hartnäckiger Sünder?
Weil er sich von seinen Lastern nicht trennen kann.

Kann ein Schneider die Ordnung der Natur stören?
Ja, wenn er Westen nach Osten trägt.

Wohin gehen Taschendiebe besonders gern?
An die Börse.

Warum blättern Taschendiebe gerne in Modezeitschriften?
Weil sie wissen müssen, wo in der nächsten Saison die Taschen sitzen.

98

Welcher Knecht bekommt keinen Lohn?
Der Stiefelknecht.

Welche Leiter nützt der Feuerwehr nichts?
Die Tonleiter.

Wer arbeitet, bis er schwarz wird?
Der Schornsteinfeger.

Wieso können Philosophen nicht schwimmen?
Weil sie allem sofort auf den Grund gehen.

Wer lebt vom Rauch?
Der Schornsteinfeger.

99

Was macht ein Tischler, wenn er kein Holz mehr hat?

Er heizt mit Kohlen.

Welche Kaufleute sollten nicht allzu viel auf die Waren draufschlagen?

Glas- und Porzellanhändler.

Welche Schrift muss vor allem der Postbote lesen können?

Die Anschrift.

Welcher Träger ist so faul, dass er sich selbst tragen lässt?

Der Hosenträger.

Was macht ein Bauer in der Sonne?
Einen Schatten.

Wieso ist jeder Lehrer mindestens zweisprachig?
Weil er immer Deutsch und Quatsch redet.

Welche Verbrecher sind mit Gärtnern verwandt?
Die Geldfälscher, denn sie lieben Blüten.

Wobei vertippen sich Sekretärinnen am häufigsten?
Beim Lotto.

Wer kann seine Arbeit in vollen Zügen genießen?
Der Schaffner.

101

Welcher Richter verurteilt keinen zu einer Gefängnisstrafe?
Der Schiedsrichter.

Warum geht der Bauer am Abend die Dorfstraße entlang?
Weil es dort nur eine Straße gibt.

Welcher Bauer hat kein Feld?
Der Vogelbauer.

In welchem Beruf wird schon sehr lange Energie gespart?
Bei der Polizei, denn sie tappt oft im Dunkeln.

Wessen Laufbahn liegt in Trümmern?
Die eines Archäologen.

Wer ist nur dem Namen nach die nächste Verwandte eines Majors?
Die Majonäse.

Es gibt Leute, die tun nichts anderes als hauen und stechen und werden noch nicht einmal dafür bestraft. Was sind das für Leute?
Bildhauer und Kupferstecher.

Wer wirft mit Geldscheinen um sich?
Der Scheinwerfer.

Was ist der höflichste Beruf?
Fischräucherer, denn der macht Bücklinge.

Wer verdient in seinem Beruf am wenigsten?
Der Lehrer, denn er ist so arm, dass er sogar Kinder versetzen muss.

Warum ziehen Chirurgen vor der Operation Handschuhe an?
Damit sie keine Fingerabdrücke hinterlassen.

Welche Juristen kann man in einer Fußballmannschaft gut gebrauchen?
Verteidiger.

Wer hat es besser: ein Minister oder der Papst?
Der Minister, denn er hat einen Sessel, während der Papst nur einen Stuhl hat.

Wer ist der schnellste Maler?
Der Spiegel.

Was ist, wenn ein Konditormeister in einen Laubhaufen fällt?
Herbst.

Warum bewegt der Wirt beim Bierzapfen das Glas immer rauf und runter?
Wenn er das Glas von rechts nach links bewegen würde, würde das Bier daneben laufen.

105

Was macht ein Bauer, wenn er morgens aufsteht?
Krumme Knie.

Warum sind die Fischer nie mit ihrer Arbeit zufrieden?
Weil die Sache immer einen Haken hat.

Was führt ein General an und ein Taschenrechner aus?
Divisionen.

Wenn ein Schornsteinfeger und ein Müller sich streiten, wer bekommt dann Recht?
Der Müller. Er hat es dann Schwarz auf Weiß.

Wonach schießt ein Jäger?
Nach dem Laden des Gewehrs.

Welcher Bäcker bäckt das größte Brot?
Der Bäcker, der den meisten Teig dafür nimmt.

Was wird ein Postbote, wenn du ihm die „O"s wegnimmst?
Briefträger.

Wie nennt man volkstümlich einen Hersteller von Waschbecken?
Beckenbauer.

107

Welcher Lehrer gibt die meisten Noten?
Der Musiklehrer.

Wer überdachte die Arbeit anderer?
Der Dachdecker.

Kommen schlechte Schriftsteller in den Himmel?
Nein, nur gute Werke führen in den Himmel.

Welche Blumen verteilt ein Gauner am liebsten?
Veilchen.

Was ist, wenn der Bauer eine Lehrerin heiratet?
Hochzeit.

Was braucht ein Schauspieler, wenn er auftreten will?
Seine Füße.

Wie nennt man eine Kellnerin, die nicht an den Tisch kommt?
Eine Fernbedienung.

Welcher Gauner ist mit einem Lagerarbeiter verwandt?
Der Hochstapler.

Welches ist die Lieblingslektüre eines Börsenmaklers?
Das Kursbuch.

Wer lässt seine Werke mit den Füßen treten?
Der Schuster und der Teppichweber.

Wie verkaufen junge Töpferinnen meistens ihre Töpfe?
Leer.

Welches Fieber kann kein Arzt messen?
Das Lampenfieber.

In Ulm und um Ulm herum

In welchem Land geht es schmal her?
In Eng-land.

Wie sprechen die Franzosen sonntags über die Deutschen?
Französisch.

Welcher englische König trug die größten Schuhe?
Der mit den größten Füßen.

Was macht ein Engländer, wenn er in der Wüste eine Schlange sieht?
Er stellt sich hinten an.

Was für Steine findet man im Ärmelkanal?
Nasse Steine.

Welche Stadt steht auf dem Tisch?
Essen.

Wozu raucht ein Franzose seine Zigaretten?
Zu Asche.

Wie kommen die Ostfriesen zu einem Kinderfahrrad?
Sie stellen ein Herren- und ein Damenfahrrad nebeneinander und hoffen, dass sie sich mögen.

Wo führen die Flüsse kein Wasser?
Auf der Landkarte.

Was heißt Putzlappen auf Arabisch?
Der-wisch.

Wieso gibt es in schottischen Schlössern und Burgen immer ein Gespenst?
Das ist billiger als eine Alarmanlage.

Was hat England mit dem Buchstaben „A" gemeinsam?
Beide befinden sich im Wasser.

In welchem Fluss fließt flussaufwärts Rum?
In der Mur.

Was macht ein Schotte, wenn ihm der Hemdkragen zu eng ist?
Er lässt sich seine Mandeln herausnehmen.

Wann lernten die Schotten schwimmen?
Als man den Brückenzoll erfand.

Wann sagt ein Chinese „Guten Morgen"?
Wenn er Deutsch sprechen kann.

Welches Volk putzt immer?
Die Lappen.

Wie fangen alle schottischen Kochrezepte an?
"Man leihe sich …"

Wie versuchen die Schotten beim Kochen Strom zu sparen?
Sie ärgern das Essen so lange, bis es vor Wut kocht.

Was geht durch Stadt und Land und bleibt doch, wo es ist?
Die Augen.

117

Was hängt gelegentlich über Berlin und fängt mit „J" an?
Ein Jewitter.

Was ist mitten in Paris?
Der Buchstabe „R".

Wie lang ist der längste Fluss der Welt?
Länger als alle anderen Flüsse.

Was verlangen die Studenten in Heidelberg?
Die Antwort liegt im Namen der Stadt, wenn du die Buchstaben umstellst: Geld herbei.

118

Was machen die Londoner, wenn es regnet?
Sie spannen ihre Schirme auf.

Warum fährt in Schottland abends die Oma mit dem Fahrrad um den Tisch?
Damit die Familie bei Licht essen kann.

In welcher Stadt gibt es das teuerste Wasser?
In Köln; das Kölnisch Wasser.

Wer fischt besser: die Sachsen oder die Engländer?
Die Angelsachsen.

119

Welches ist das unangenehmste Tal?
Das Spital.

Warum leben Sportler so gerne in Weidenau?
Weil sie dann Siegen so nah sind.

Was ist an der Nordsee von vorne und hinten gleich?
Das Wort „Ebbe" kann man vorwärts oder rückwärts lesen.

Welcher Indianer braucht seine Füße nicht zu waschen?
Der Schwarzfußindianer.

Wie lautet das schottische Rezept für Tomatensuppe?
Man nehme einen roten Teller und beliebig viel warmes Wasser.

Warum leben Eskimos so lange?
Weil sie nicht ins Gras beißen können.

Welches Land ist auf keiner Karte zu finden?
Das Schlaraffenland.

Warum spielen die Schotten nicht Karten?
Weil kein Schotte geben will.

In welchem europäischen Land ist es verboten, Heu zu mähen?
Man mäht grundsätzlich nur Gras, kein Heu.

Welches Tal ist das begehrteste?
Das Kapital.

Warum leuchtet es an der Nordseeküste immer so hell?
Weil es da so viel Watt gibt.

Welche Stadt hat keine Straßen?
Die Werkstatt.

Warum halten sich die Indianer beim Spähen die Hand über die Augen?
Weil sie nichts sehen, wenn sie sich die Hand vor die Augen halten.

Was macht ein Schotte, wenn er mit einer Kerze vor dem Spiegel steht?
Er feiert den zweiten Advent.

Warum gilt der Rhein als größter Säufer?
Er ist schon am Morgen benebelt.

Was heißt „schöner Amerikaner" auf Französisch?
Bel Ami.

Was ist in Bayern das Gegenteil von Magnet?
Mag schon!

Wohin darf man nicht fahren, wenn man sich sonniges Wetter wünscht?
Zum Regen (Nebenfluss der Donau).

In welchem Land wächst der beste Wein?
Es wächst nirgendwo Wein, es wachsen höchstens Trauben.

Wer läuft ohne Pass durch fremde Länder?
Die Straße.

Auf welcher Reise erkältet man sich leicht?
Auf der Reise nach Zug (Ort in der Schweiz).

Welche Stadt hat das Ende in der Mitte?
Lo – nd – on.

Wenn man ein Taschentuch ins Rote Meer wirft, wie angelt man es dann wieder heraus?
Nass.

Warum hat ein ostfriesischer Stuhl zwölf Beine?
Zwei Beine vorne, zwei hinten, zwei rechts, zwei links und an jeder Ecke eines.

125

Warum steht die Freiheitsstatue in New York?
Weil sie nicht sitzen kann.

Ist die Beringstraße gepflastert oder betoniert?
Das ist eine Wasserstraße.

Ist in Augsburg einmal ein großer Mann geboren worden?
Nein, bisher wurden immer nur Babys geboren.

Welche Stadt in Hessen darf der Gärtner nicht vergessen?
Gießen.

Wie heißen die Ureinwohner der Sahara?
Wüstlinge.

Woher hat der Bodensee seinen Namen?
Sein Wasser reicht bis zum Boden.

Was hat der Berliner in sich?
Marmelade oder Quark.

Wo ist Norden im Süden?
Nördlich der Stadt Norden.

Welches sind die kleinsten Indianer?
Die neugeborenen Indianer.

Warum gibt es in Schottland so viele Gräben?
Weil vor 150 Jahren ein Schotte ein Pfund vergraben hat.

Wer kommt von Dresden nach Hamburg, ohne sein Bett zu verlassen?
Die Elbe.

Wo liegen die höchsten Berge?
Wo die tiefsten Täler sind.

Buntes Scherzfragen-Allerlei

Welches Wort wird immer falsch geschrieben?
Das Wort „falsch".

Was lässt sich nicht mit Worten ausdrücken?
Eine Zitrone.

Was hängt an der Dachrinne und weint, wenn die Sonne scheint?
Ein Eiszapfen.

Was kann sich immer rundherum drehen und wird doch nicht schwindlig?
Die Erde.

131

Welcher Pilz wird am meisten bestaunt?
Der Glückspilz.

Welcher Ring ist nicht rund?
Der Hering.

Wo hat der Rauch seinen Anfang und das Feuer sein Ende?
Im Buchstaben „R".

Mit welcher Form kann man keinen Kuchen backen?
Mit der Uniform.

Welche Krankheit kennt man auf dem Lande nicht?
Die Seekrankheit.

Wer geht mit mir baden und wird nicht nass?
Mein Schatten.

Welche Frage kann niemand mit „Nein" beantworten?
„Hörst du mich?"

Welche Schuhe zerreißen nie an den Füßen?
Die Handschuhe.

Warum währt Ehrlichkeit am längsten?
Weil von ihr so wenig Gebrauch gemacht wird.

Wer tritt uns ungestraft ins Gesicht?
Der Schweiß.

Wer kennt seine Frau nicht?
Der Junggeselle.

Welcher Berg wächst am schnellsten?
Der Schuldenberg.

Mit welchem Schuh kann man nicht laufen?
Mit dem Hemmschuh.

134

Wer hat Zähne und kann nicht beißen?
Die Briefmarke.

Wer antwortet in allen Sprachen?
Das Echo.

Auf welcher Straße ist noch keiner gefahren?
Auf der Milchstraße.

Welche Bäume haben keine Früchte und Kronen?
Purzelbäume.

Was ist ungerade und doch gerade?
Die fünf Finger der ausgestreckten Hand.

Wieso ist der Buchstabe „A" wie 12 Uhr mittags?
Weil er in der Mitte vom Tag ist.

Mit welchen fünf Buchstaben wird aus einem Kind ein Erwachsener?
A – L – T – E – R

Was hat jeder auf der Welt gesehen und doch kann es niemand je wieder sehen?
Den gestrigen Tag.

Was stirbt, wenn es zu trinken bekommt?
Das Feuer.

Warum durfte das Skelett nicht Theater spielen?
Weil es nicht mit dem Herzen bei der Sache war.

Wieso musste die Orange beim Marathonlauf aufgeben?
Weil ihr der Saft ausging.

Welcher Satz besteht nur aus einem Wort?
Der Absatz.

Auf welchen Rücken sitzt nie ein Reiter?
Auf den Perücken.

137

Mit welchem Garn ist schlecht nähen?
Mit Ungarn.

Welches Wort kann schneller buchstabiert werden, wenn du noch eine Silbe anhängst?
schnell + er = schneller.

Welche Rosen haben keine Dornen?
Die Matrosen.

In welchen Kleidungsstücken geht die Sonne unter?
In den Westen.

Was steht im Holz und fault nicht?
Die Fensterscheibe.

Mit welcher Gabel wird nicht gegessen?
Mit der Astgabel.

Mit welchem Pinsel kannst du nicht malen?
Mit dem Einfaltspinsel.

Welches Musikinstrument hat gleich vier in sich?
Das Klavier.

Welche Messer sind nicht zum Schneiden?
Die Landvermesser.

139

Welcher Stein kann rauchen?
Der Schornstein.

Welchen Satz kannst du nicht aussprechen?
Den Kaffeesatz.

Welche Bilder kannst du am besten bei Nacht und ohne Licht sehen?
Die Sternbilder.

Mit welchem Nagel kannst du kein Brett festmachen?
Mit dem Fingernagel.

Nur mein Blut lieben die Menschen, mein Fleisch gibt ihnen wenig. Was ist das?
Die Zitrone.

Warum ist der Kopfsalat das netteste Gemüse?
Er hat das Herz an der richtigen Stelle.

Was geht häufig zu Grund und bleibt doch gesund?
Der Fisch.

Warum ist die Butter so fett?
Damit es beim Streichen nicht quietscht.

Wie kommt eigentlich eine Grippe daher?
Auf allen Viren.

Welche Zahl suchst du im Mathebuch vergebens?
Rübezahl.

Welches Wort ist gleich ein ganzer Satz?
Das Sprichwort.

Gibt es Wände, die sich nicht bemalen oder tapezieren lassen?
Die Einwände.

Was liegt immer im Nassen und fault doch nie?
Die Zunge.

Was ist das unruhigste Kleidungsstück?
Die Strampelhose.

Welches Lebensmittel ist am lustigsten?
Die Butter, wenn sie ausgelassen ist.

Was wird nicht gar, obwohl es immer wieder gekocht wird?
Die Kochwäsche.

143

Welchen Helm kannst du dir nicht aufsetzen?
Wilhelm.

Welcher Stuhl bewegt sich oft?
Der Fahrstuhl.

Was ist schwarz, braun, gelb oder rot und wird von selber grau und weiß?
Das Haar.

Mit welchem Tau lassen sich keine Boote festmachen?
Mit dem Morgentau.

144

Was ist immer hinter der Zeit?
Die Rückseite der Uhr.

Was bedeutet das Sprichwort: „Rom wurde nicht an einem Tag erbaut."?
Nachtarbeit.

Wie viel wiegt der Mond?
Ein Pfund, denn ein Mond hat vier Viertel.

Was reist um die ganze Welt, bleibt aber trotzdem immer in der Ecke?
Die Briefmarke.

145

Was fängt mit „T" an, ist voller „T" und hört mit „T" auf?
Ein Teepott.

Wie kannst du ein Boot essen?
Du vertauschst das erste „O" mit einem „R".

Was geht ohne Füße und Hände?
Ein Hefeteig geht auf.

In welchem Zug kann nur eine Person befördert werden?
Im Anzug.

146

Wie schmeckt die Schokolade am besten?
Auf der Zunge.

Welcher Biss tut nicht weh?
Der Imbiss.

Welcher Apfel wird nicht reif?
Der Augapfel.

In welcher Schule lernt man nichts?
In der Baumschule.

Welche Massen sind keine Mengen?
Grimassen.

147

Welche Kunst ist die schmackhafteste?
Die Kochkunst.

Welches ist der älteste Taler?
Der Neandertaler.

Was ist Musikalität?
Wenn man auf einer Trommel eine Tonleiter spielen kann.

Welcher Kuss ist schon am Nachmittag eine Sensation?
Der Zirkus.

Welche Geschichte hat kein Ende?
Die Weltgeschichte.

Was ist eine Kugel?
Ein aufgeblasener Punkt.

Was passiert mit einem Engel, wenn er in einen Misthaufen fällt?
Er bekommt Kotflügel.

Welcher Busch hält nicht, was sein Name verspricht?
Der Goldregen.

Welcher Ast wächst nicht am Baum?
Der Gymnasiast.

Wie kann man zwei Rettiche mit einem Wort nennen?
Paar Radis (= Paradies).

Welcher Trost wächst auf der Wiese?
Der Augentrost.

Wie kommt man am sichersten durch den Urwald?
Als Löwe.

Wo schmeckt das Bier am besten?
Beim Trinken.

Ein Auto fährt in eine Linkskurve. Welches Rad wird am wenigsten belastet?
Das Reserverad.

Warum stößt man mit Wein an?
Im Wein liegt ja angeblich die Wahrheit, und mit der Wahrheit stößt man immer an.

Wie nennt man einen Schanktisch für Apostel?
Apo-theke.

151

Wem sieht man es sofort an, wenn er etwas getrunken hat?
Dem Löschblatt.

Welches Turngerät benutzen sehr reiche Leute zum täglichen Fitnesstraining?
Gold-Barren.

Welches sind die besten Socken für Fußballspieler?
Socken mit Laufmaschen.

Wer hat sein Herz im Kopf?
Der Salat.

Welches ist der hübscheste Schwimmstil?
Schmetterling.

Was steht stets in der Stadionmitte?
Das „D".

Warum werden die Geher die Pioniere der Leichtathletik genannt?
Weil sie Schritt-Macher sind.

Warum dürfen Nordpolforscher keine blauen Brillen tragen?
Damit sie die Eisbären nicht für Blaubeeren halten.

153

Wozu brauchen Hochseesegler ein Messer?
Damit sie in See stechen können.

Welche Fabrikate finden am meisten Abnehmer?
Hüte und Mützen.

Wer machte die meisten Reisen um die Erde?
Der Mond.

Welche Kontrolle ist vorwärts genauso schlimm wie rückwärts?
Das Wort „Radar" kann man vorwärts und rückwärts lesen.

Welcher Zug fährt nie?
Der Glockenzug.

Welcher Bus überquert täglich den Ozean?
Der Airbus.

Womit bestraft sich ein betrunkener Autofahrer?
Er sieht überall weiße Mäuse.

Welcher Stecher sticht nicht?
Der Feldstecher.

Welcher Tor macht aus etwas mehr?
Der Multiplikator.

Welches Haus hat keine Wohnung?
Das Treibhaus.

Was wird immer nasser, während es trocknet?
Das Handtuch.

Welcher Baum hat keine Wurzeln?
Der Purzelbaum.

Welches ist der beste Rat?
Der Vorrat.

Welches ist das älteste Musikinstrument?
Das Akkordeon, denn es hat schon ganz viele Falten.

Wann ist es besonders gefährlich, in den Wald zu gehen?
Im Mai, denn da schlagen die Bäume aus.

Welche Tomaten schmecken nicht besonders lecker?
Die Automaten.

Was ist eine Glatze?
Eine glänzende Behauptung.

Welches Gewicht will keiner verlieren?
Das Gleichgewicht.

Was ist das Gegenteil von Reformhaus?
Reh hinterm Haus.

Welcher König hat kein Land?
Der Zaunkönig.

Ist ein Haus eher aufgebaut oder eher niedergerissen?
Natürlich aufgebaut, denn eher kann man es nicht niederreißen.

Was ist längst fertig und wird doch jeden Tag neu gemacht?
Das Bett.

Was ist aller Laster Anfang?
Die Stoßstange.

Was wird kürzer, wenn du es verlängerst?
Das Wort „kurz" wird zu „kürzer" und dadurch länger.

Welcher Boss ist kein Chef?
Der Amboss.

Was machen zwei Mauern am liebsten?
Sie treffen sich in einer stillen Ecke.

Wer kann ohne Nase riechen?
Der Käse.

159

Welche Braut hat es am eiligsten?
Die Windsbraut.

Was ist wärmer als ein Pelz?
Zwei Pelze.

Welcher Bus kann nicht fahren?
Der Globus.

Wo wachsen im Frühjahr die ersten Kirschblüten?
An einem Kirschbaum.

Wie schreibt man Wasser mit drei Buchstaben?
Eis.

Was braucht ein Auto, was dem Pferd sehr lästig ist?
Die Bremsen.

Wer kommt als Erster ins Haus?
Der Schlüssel.

Wieso kann ein Skelett nicht Fußballprofi werden?
Weil seine Spielanlage zu durchsichtig ist.

Welche Insel ist nicht von Wasser umgeben?
Die Verkehrsinsel.

Was sieht einem halben Strohhalm am ähnlichsten?
Die andere Hälfte.

Wann ist ein Familienname am abwechslungsreichsten?
Wenn man jeden Tag anders heißt. Also bei der Familie Anders.

Was ist die höchste Brücke der Welt?
Der Regenbogen.

Was steht jede Woche im Terminkalender der Bundeskanzlerin?
Montag, Dienstag, Mittwoch …

Welche Scheibe hat kein Glas?
Die Bandscheibe.

Was ist, wenn eine Schultasche in den Schnee fällt?
Winter.

Welcher Fall tut nicht weh?
Der Beifall.

Wieso bekommen Skelette keinen Pass?
Weil auf dem Passfoto das linke Ohr nicht frei ist.

Mit welcher Erfindung kannst du sogar durch dicke Mauern hindurchsehen?
Mit dem Fenster.

163

Wie viele Blätter sind an einem Baum?
So viele, wie er Stiele hat.

Welcher Sportler steht besonders oft an der Spitze?
Der Bergsteiger.

Wie kannst du ein rohes Ei einen Meter hinabfallen lassen, ohne dass es zerbricht?
Du lässt es aus zwei Metern Höhe fallen, dann ist es nach einem Meter immer noch heil.

Welcher Kreis ist nicht rund?
Der Blutkreislauf.

Wer geht mit dem Kopf nach unten?
Der Schuhnagel.

Wer kann auch ohne Füße springen?
Der Springbrunnen.

Welches Pflaster legt man auf keine Wunde?
Das Straßenpflaster.

Welcher Zahn bekommt niemals Karies?
Der Löwenzahn.

Welches Gericht ist jedem Ganoven das liebste?
Sein Leibgericht.

165

Mit welchem Fluss kann man sogar Tränen trocknen?
Mit dem Überfluss.

Was macht jemand, der im Winter in den Schnee fällt?
Einen Eindruck.

Wer hat es bequemer: der Kaffee oder der Tee?
Der Kaffee, denn er darf sich setzen. Der Tee aber muss ziehen.

Welcher Kuss hat das meiste Geld?
Der Fiskus.

166

Welcher Stuhl hat keine Beine?
Der Dachstuhl.

Wer ist der bekannteste Eisenfresser?
Der Rost.

Gibt es eine Spitze vom Kreis?
Ja, den Landrat.

Welches Stück führt man nie auf?
Das Frühstück.

Welcher Topf hat weder Griff noch Deckel?
Der Blumentopf.

167

Welche Sohlen halten am besten?
Die Fußsohlen.

Welche Köpfe sind leer und sind doch am meisten wert?
Die Notenköpfe.

Welcher Apfel bleibt in der Kehle stecken?
Der Adamsapfel.

Wie kann man ein Glas leer trinken, ohne es zu berühren?
Mit einem Strohhalm.

Wann ist die Sicht stets klar?
Wenn es die Einsicht ist.

Welche Gebildeten sind Narren?
Die Eingebildeten.

Wer schwitzt bei Kälte?
Die Fensterscheibe.

Was ist der Albtraum eines Luftballons?
Platzangst.

Was fehlt jedem Fuß, jedem Arm und jedem Zeh?
Der vierte Buchstabe.

Welcher Gang kann zum Untergang führen?
Der Seegang.

Womit hört das Fernsehen immer auf?
Mit „n".

Welcher Fall tut nur selten weh?
Der Einfall.

Welcher Unterschied besteht zwischen einem Kaufmann und einem Kranken?
Der Kaufmann nimmt gern ein, der Kranke nicht.

Wer steht an der Kirche und geht nie hinein?
Der Kirchturm.

An welchem Tag ist die Sonne auf-, aber nicht untergegangen?
Heute.

Was ist im Sommer bekleidet und im Winter nackt?
Ein Laubbaum.

Wozu gibt es überhaupt Fahrpläne, wenn die Züge doch Verspätung haben?
Woher wüsste man sonst, dass sie Verspätung haben?

Welche Lade ist kein Schubfach?
Die Kinnlade.

Welche Banden braucht man nicht zu fürchten?
Die Banden mit den Werbeaufschriften, zum Beispiel in einem Fußballstadion.

Welchen Hang soll man nicht hochsteigen?
Den Vorhang.

Welche Noten sind die beliebtesten?
Die Banknoten.

In welches Haus gehen die Menschen nur, um durchzugehen?
In das Treppenhaus.

Was ist eine falsche Behauptung?
Eine Perücke.

Was sagte der Zauberer zum toten Pferd?
Abrakadaver.

Welche Gabe ist keine Spende?
Die Hausaufgabe.

Warum regnet es nie zwei Tage hintereinander?
Weil die Nacht dazwischen liegt.

Welche Biere werden nicht ausgeschenkt?
Die Barbiere.

173

Welche Kerze steckt nicht in einem Leuchter?
Die Zündkerze.

Was geht über das Wasser und steht dabei völlig ruhig?
Eine Brücke.

Worin ist die Kartoffel Vorbild für Sportler?
In ihrer Stärke.

Welche Scheibe klirrt nicht, wenn man sie zerbricht?
Die Wurstscheibe.

In welchem Sack kannst du nichts tragen?
Im Dudelsack.

Welcher Abend beginnt schon am Morgen?
Der Sonnabend.

Was haben eine Insel und das „S" gemeinsam?
Beide sind mitten im Wasser.

Welches ist das kürzeste Jahr?
Neujahr.

Was beißt und hat doch keine Zähne?
Der Pfeffer.

175

Welcher Raum hat weder Türen noch Fenster?
Der Weltraum.

Welche Nüsse kann man nicht essen?
Kopfnüsse.

Was kommt heraus, wenn man ein Schrottauto mit Eisblumen kreuzt?
Frostbeulen.

Was ist stark am Tag und schwach in der Nacht?
Das Licht.

Welche Kasse liegt im Wasser?
Die Barkasse.

Welcher Apfel wird nicht rot?
Der Erdapfel.

Warum ist der Mond so bleich?
Weil er nachts ständig zu wenig Schlaf bekommt.

Welchen Garten kann man nicht umgraben?
Den Kindergarten.

Welcher Stall ist durchsichtig?
Der Kristall.

177

Was wünscht man sich, um es wieder herzugeben?
Geld.

Welches Pulver wird nicht zum Schießen verwendet?
Das Puddingpulver.

Was sind musikalische Kanten?
Musikanten.

Mit welchem Netz kann man nicht fischen?
Mit dem Stromnetz.

178

Welchen Hals braucht man nicht zu waschen?
Den Flaschenhals.

Was geht ständig um den Baum herum und wird doch nicht müde?
Die Rinde.

In welchem Gang soll man sich nicht zu lange aufhalten?
Im Müßiggang.

Welcher Teppich ist für normale Wohnungen viel zu lang?
Der 100-Meter-Läufer.

Welcher Bogen lässt sich nicht spannen?
Der Regenbogen.

Wieso ist der Buchstabe „B" wie Feuer?
Weil er aus rennen brennen macht.

Was wollte das Monster vom Astrologen haben?
Sein Horrorskop.

Wer kommt schon grauhaarig auf die Welt?
Der Esel.

Was ist das Gefährliche an Scherzfragen?
Man kann sich daran den Kopf zerbrechen.

Was ist das stärkste Getränk?
Das Wasser, denn es trägt Schiffe und treibt Mühlen.

Welches ist der schwerste Stoff?
Der Unterrichtsstoff.

Welcher Stand ist der beste?
Der Verstand.

Wann ist der Schluss kein Ende?
Wenn es ein Entschluss ist.

Wieso vergeht die Zeit so schnell?
Weil so viele Menschen die Zeit totschlagen wollen.

181

Mit welchem Stoff kann kein Kleidungsstück genäht werden?
Mit dem Gesprächsstoff.

Welches Auto darf man ohne Führerschein fahren?
Ein Spielzeugauto.

Wo sind Turner besonders gern zu Hause?
In Hockenheim.

Was ist die Lieblingsmahlzeit eines Bauern?
Ein Land-Gericht.

Wer erblickt zweimal das Licht der Welt?
Die Ölsardine.

Welche Tracht ist die schönste?
Die Eintracht.

Der Bauer hat es, der König hat es, und sogar der Mond hat es. Was ist das?
Der Hof.

Wer wird immer länger, wenn er vorne kürzer wird?
Der Weg.

183

Auf welcher Weide wachsen keine Blumen?
Auf der Augenweide.

Mit welchem Streichinstrument kann man keine Musik machen?
Mit dem Pinsel.

Was kann in einer leeren Manteltasche immer sein?
Ein Loch.

Welche Uhr ist gut gemacht, aber untauglich bei Nacht?
Die Sonnenuhr.

In welchem Wald wächst kein Laub?
Im Nadelwald.

Welche Nacht schenkt dir keinen Traum?
Die Fastnacht.

Ein Blinder sah einen Hasen, ein Lahmer griff ihn und ein Nackter steckte ihn in die Tasche. Was ist das?
Eine Lügengeschichte.

Was brennt rund ums Haus und brennt doch kein Loch hinein?
Die Brennnessel.

185

Welcher Schlag ist nicht schmerzhaft?
Der Glockenschlag.

Welches Geschoss ist ungefährlich?
Das Erdgeschoss.

Was benötigt man für Stickstoff?
Stickgarn.

Womit fängt jeder Kopfschmerz an?
Mit „K".

Womit fängt das Arbeitsleben an?
Mit einem großen „A".

Womit hört das Arbeitsleben auf?
Mit der Rente.

Welcher Schirm schützt nicht vor Nässe?
Der Bildschirm.

Wer kann nicht ohne Schläge leben?
Jeder braucht Pulsschläge.

Welcher Tor bringt viel in Bewegung?
Der Motor.

Welcher Star hat keine Anhänger?
Der grüne und der graue Star (Augenkrankheiten).

Welcher Stollen hat nichts mit einem Bergwerk zu tun?
Der Christstollen.

Welches sind die größten Betten?
Die Flussbetten.

In welchem Strudel ertrinkt man nicht?
Im Apfelstrudel.

Was ist ein Erwachsener?
Jemand, der nicht mehr nach oben, sondern nur noch zur Seite wächst.

Was wird größer, wenn man daraus nimmt, und verkleinert sich, wenn man es füllt?
Ein Loch in der Erde.

Was gehört zu einem maßgeschneiderten Cowboystiefel?
Der zweite Stiefel.

Warum schält man eine Kartoffel?
Weil man sie nicht rupfen kann.

Was hat zwei Enden, aber keinen Anfang?
Die Wurst.

Was ist nichts?
Ein Luftballon ohne Hülle.

Welcher Arm macht am meisten Krach?
Der Alarm.

Welcher Stahl lässt sich nicht schmelzen?
Der Diebstahl.

Welches Bein kann nicht laufen?
Das Tischbein.

Wie erfährt man das Alter einer Schnecke?
Man zählt die Kerzen auf ihrer Geburtstagstorte.

190

Wer führt ein sehr aufreibendes Leben?
Der Radiergummi.

Was fällt durch die Fensterscheibe, ohne sie zu zerbrechen?
Der Sonnenschein.

Welches Jahr dauert nur drei Monate?
Das Frühjahr.

Wie kann man aus einem Salat ein Gebirge machen?
Durch Umstellung der Buchstaben: Salat = Atlas.

191

Welcher Mantel hat keine Knöpfe?
Der Fahrradmantel.

Welches Blatt fällt von keinem Baum?
Das Sägeblatt.

Auf welchen Seen schwimmen keine Schiffe?
Auf den Museen.

Welcher Zug hat keinen Fahrgast?
Der Durchzug.

Welche Krone trägt kein Herrscher?
Die Wellenkrone.

Welcher Himmelserscheinung ist alles egal?
Der Sternschnuppe.

Welcher Regen bringt keinen Segen?
Sich aufregen.

Was steigt und fällt und bleibt doch stets am gleichen Ort?
Das Thermometer.

Welches Laub wächst nicht, sondern wird immer kleiner?
Der Urlaub.

Welcher Bauch ist ohne Nabel?
Der Schiffsbauch.

Was ist die ungünstigste aller Lagen?
Die Niederlage.

Welche Birne ist ungenießbar?
Die Glühbirne.

Welches Wasser kann nie gefrieren?
Heißes Wasser.

Was schlägt ohne Hände?
Die Uhr.

Welches Auto braucht keine Straße?
Ein Auto-mat.

Was macht den Schmerz so unangenehm?
Das „m", sonst wäre es ein Scherz.

Wer kann oft ohne Geld ausgehen?
Der Ofen.

Welche Nation hat keine Bürger?
Die Kombination.

Was schießt und hat doch kein Gewehr?
Der Salat.

195

Was kannst du in die Luft werfen und es bleibt stecken?
Einen Stecken.

Wo gibt es den meisten Urlaub?
Im Paradies.

Welcher Spiegel dient nicht der Schönheit?
Der Meeresspiegel.

Welche Frucht kannst du das ganze Jahr über sofort frisch bekommen?
Die Ohrfeige.

Wie kannst du auf einmal so viel essen, dass es bis zum nächsten Jahr reicht?
Wenn du dir am 31. Dezember ordentlich den Magen voll schlägst.

Welche Münze kannst du essen?
Den Emmentaler.

Auf welchem Kissen kann man nicht schlafen?
Auf dem Nadelkissen.

Welche Läufer können fliegen?
Die fliegenden Teppiche im Märchen.

Auf welchem Boden gedeiht nichts?
Auf dem Hosenboden.

Welche Feder hat keinen Flaum?
Die Uhrfeder.

Wer kann ganz schnell eine Brücke über einen Fluss bauen?
Der Frost.

Was hat Blätter und ist weder Strauch noch Baum?
Ein Buch.

Was hat eine Brille und sieht trotzdem nichts?
Das Klo.

Welche Burg ist für den Tag gebaut?
Die Sandburg am Strand.

Welche Zeiten gelten allgemein als die schönsten?
Die Mahlzeiten.

Was haben eine kaputte Posaune und eine still gelegte Lehmgrube gemeinsam?
Sie bringen beide keinen Ton mehr heraus.

199

Wieso können Skelette so schlecht lügen?
Weil sie so leicht zu durchschauen sind.

Wie hieß der erste Dichter?
Nebel.

Was ist der kürzeste Monat?
Der Mai, er hat nur drei Buchstaben.

An welchen Haken kann man nichts hängen?
An den Kinnhaken.

Welcher Baum bewegt sich hurtig fort?
Der Purzelbaum.

Wie kannst du jeden Abend zwischen 8 und 9 zu Bett gehen, auch wenn es schon zehn Uhr ist?
Du schreibst auf die eine Seite des Bettes eine 8 und auf die andere Seite eine 9. Dann kannst du immer zwischen 8 und 9 ins Bett gehen.

Mit welchem Stock ist schlecht wandern?
Mit einem Blumenstock.

Was ist der Vorname des Teufels?
Pfui.

Wer darf ungestraft zustechen?
Der Fechter.

201

Wo kommen alle Säcke zusammen?
An der Naht.

Welcher Läufer macht seinem Namen wenig Ehre?
Der Teppichläufer liegt nur.

Was hat tausend Beine und kann trotzdem nicht laufen?
500 Hosen haben 1000 Hosenbeine.

Was sagt die Geisterfrau am Morgen vor dem Einschlafen zu ihrem Mann?
Schau mich nicht so entgeistert an!

202

Was liegt im Bett und wird nicht müde?
Das Bettzeug.

Was kann man von einem Dreieck alles verwenden?
Das Ei, der Rest ist Dreck.

Welche Bäume darf man überall schlagen?
Purzelbäume.

Was sieht Gott nie, der Kaiser selten und der Bauer alle Tage?
Seinesgleichen.

203

Wer kann mit dem Auto übers Meer fahren?
Derjenige, der eine Fähre benutzt.

Wie kommt das Geld aus dem Haus?
Indem man es aus dem Fenster wirft.

Was ist noch grün und kann doch gut brennen?
Die Brennnessel.

Was ist das beste Schlafmittel?
Das Bett.

Was sind Gesichtspunkte?
Sommersprossen.

Welcher Stiel trägt nie eine Blüte?
Der Besenstiel.

Was hat viele Häute und beißt alle?
Die Zwiebel.

Wie bezeichnet man aneinander gereihte Löcher?
Als Kette.

Was kommt immer näher und verschwindet sofort, wenn es da ist?
Morgen.

Wie viele Nägel befinden sich in jedem Schuh?
Fünf, nämlich die Zehennägel.

Welche Augen sind am fleißigsten?
Die Hühneraugen, denn sie sind ständig auf den Füßen.

Welches Schiff geht nie auf eine Reise?
Das Kirchenschiff.

Wann geht bei einem Bruch nichts kaputt?
Wenn die Einbrecher ganz vorsichtig sind.

Wo kommt Dienstag vor Montag?
Im Wörterbuch.

Welche Perle haben kleine Kinder am liebsten?
Kasperle.

Welches ist das leckerste Ding?
Der Pud-ding.

Welche Themen sind immer schön anzuschauen?
Die Chrysanthemen.

Welches Glöckchen läutet nicht?
Das Schneeglöckchen.

Wer nimmt auch während einer Hungersnot zu?
Der Mond.

Was schlägt ein Boxer lautlos nieder?
Die Augenlider.

Welches Haus hat kein Dach?
Das Schneckenhaus.

Welches Korn kommt nicht ins Brot?
Das Senfkorn.

Welcher Apfel ist nicht essbar?
Der Zankapfel.

Welche Blume kann man nicht in die Vase stellen?
Den Schwanz des Hasen (auch „Blume" genannt).

Welches Kraut wächst am besten?
Das Unkraut, denn es vergeht nicht.

Welcher Laden hat keine Türe?
Der Fensterladen.

Wieso darf das Qu in der Hütte auf dem Berg keine Rast machen?
Weil sonst aus der Almhütte eine Qualmhütte wird.

209

Welches Grauen kommt ohne Angst?
Das Morgengrauen.

Gibt es Blumen, die nie duften?
Die Eisblumen.

Was hat keinen Anfang und kein Ende und trotzdem ist etwas dazwischen?
Eine Kugel.

Was ist Ausdauer?
Wenn man einer Kuh Zucker gibt und wartet, bis die Milch süß wird.

Was kann zur gleichen Zeit gehen und hängen oder stehen und liegen?
Eine Uhr.

Was ist paradox?
Ein Einbrecher, der ausbricht.

Wie viele Leitern braucht man, um von der Erde auf den Mond zu kommen?
Eine, sie muss nur lang genug sein.

Welcher Blitz ist ungefährlich?
Der Geistesblitz.

211

Mit welchen Streifen kannst du keine Muster bilden?
Mit den Polizeistreifen.

Welche Sportart ist die vornehmste?
Das Boxen. Man trägt immer Handschuhe.

Wer trägt den Namen auf dem Rücken?
Das Buch.

Wieso wollte das Skelett nicht Opernsänger werden?
Weil es Angst hatte, es würde sich bis auf die Knochen blamieren.

Was kann man trinken, aber auch lassen?
Wasser.

Was ist voller Löcher und kann trotzdem Wasser speichern?
Ein Schwamm.

Wer hat 21 Augen und kann trotzdem nichts sehen?
Der Würfel.

Wem verdanken Sonne und Sterne ihren Anfang?
Dem „S".

213

Welche Muschel schmeckt auch gekocht nicht besonders lecker?
Die Ohrmuschel.

Welche Flocke fällt nicht vom Himmel?
Die Haferflocke.

Was pfeift ohne Mund?
Der Wind.

Welchen Tisch kann man essen?
Den Nachtisch.

Was hängt mit verbranntem Hintern an der Wand?
Die Pfanne.

Was wird durch das Waschen schmutzig?
Das Wasser.

Was steht mitten im Feuer, verbrennt aber trotzdem nicht?
Der Buchstabe „U".

Wer kommt abends, geht morgens und ist nie zu sehen?
Der Schlaf.

Welche Lichter brennen länger: Talglichter oder Wachslichter?
Keine, denn beide brennen kürzer.

Wie kannst du verhindern, dass eine wertvolle Vase auf den Boden fällt?
Du stellst sie auf den Boden.

Welches Fass ist aus Glas?
Das Tintenfass.

Was muss jeder holen, um am Leben zu bleiben?
Luft.

Welches ist der langsamste Buchstabe?
Das „W", denn es macht aus Eile Weile.

Welcher Sinn ist doch kein Sinn?
Der Unsinn.

Wen kann die Sonne nicht bescheinen?
Den Schatten.

Was macht man, wenn einen etwas stark drückt?
Man dreht sich um, dann wird man geschoben.

217

Was hat viele Augen, weint aber nie?
Die Kartoffel.

Welche Gabe ehrt ihren Geber nicht?
Die Angabe.

Wo bekommt man für Geld mehr Prozente als auf der Bank?
In der Gastwirtschaft, wenn man Alkohol trinkt.

Welches Abführmittel ist eisenhaltig?
Handschellen.

Wer bekommt etwas ins Maul, frisst es aber nicht?
Der Nussknacker.

Welche Krone kann sich kein Kaiser aufsetzen?
Die Baumkrone.

Wie nennt man einen Bumerang, der nie zurückkommt?
Ein Stück Holz.

Was ist das ungerechteste Urteil?
Das Vorurteil.

219

Welche Bäume reisen von Land zu Land?
Die Mastbäume.

Woran merkt man, dass Ehen im Himmel geschlossen werden?
Weil man nach den Flitterwochen aus allen Wolken fällt.

Seltsame Gemeinsamkeiten und kuriose Unterschiede

Was haben ein Arzt und eine Telefonistin gemeinsam?
Beide verbinden Leute.

Was haben ein Zahnarzt und ein Feigling gemeinsam?
Beide reißen aus.

Was haben ein Pferd und ein Mantel gemeinsam?
Beide werden gefüttert.

Was haben Fotografen mit Kommissaren gemeinsam?
Die Motivsuche.

223

Was hast du mit einer Stecknadel gemeinsam?
Den Kopf.

Was hat ein Polizist mit einem Hunderteuroschein gemeinsam?
Wenn man einen braucht, ist keiner da.

Was haben ein Kuss und ein böses Gerücht gemeinsam?
Beide gehen von Mund zu Mund.

Was haben eine Klatschbase und eine Waage gemeinsam?
Beide Zungen stehen nicht still.

224

Was hat Hannover mit einem Hofhund gemeinsam?
Beide liegen an der Leine.

Was haben Zauberer und Motoren gemeinsam?
Zylinder.

Was haben ein Profiboxer und ein Lottospieler gemeinsam?
Beide können mit einem Schlag reich werden.

Was haben ein Buch und ein Violinspieler gemeinsam?
Beide haben Bogen.

Was haben ein Verkehrspolizist und Sherlock Holmes gemeinsam?
Die Pfeife.

Was haben ein Koch und ein Schauspieler gemeinsam?
Beide müssen rühren.

Was haben die Deutsche Bahn AG und ein verunglückter Skifahrer gemeinsam?
Beide brauchen Schienen.

Was haben ein Arzt und ein Dieb gemeinsam?
Beide wissen, was den Leuten fehlt, wenn sie gehen.

226

Was haben ein Buch und ein Teppich gemeinsam?
Beide werden verlegt.

Was haben ein Schullehrer und ein Vizekriminalrichter gemeinsam?
Beide sind Unterrichter.

Was haben schlechte Prediger und Wegweiser gemeinsam?
Beide zeigen den rechten Weg, gehen ihn aber nicht.

Was haben eine Oase und eine Schule gemeinsam?
Nur Kamele fühlen sich dort wohl.

Was haben ein Advokat und ein Wagenrad gemeinsam?
Sie müssen beide geschmiert werden.

Was haben eine gestohlene Uhr und ein Findelkind gemeinsam?
Beide werden von fremden Leuten aufgezogen.

Was hat die Kripo mit Jägern gemeinsam?
Sie sucht nach Spuren.

Was haben ein Angeber und ein Blasebalg gemeinsam?
Beide blasen sich auf.

Was haben ein Geburtstag und ein Regenschirm gemeinsam?
Beide werden oft vergessen.

Was haben Safeknacker mit Turnern gemeinsam?
Ihre Liebe zu den Barren.

Was hat ein Wagen mit dem Magen gemeinsam?
Beide brechen, wenn sie zu voll sind.

Welche Gemeinsamkeiten haben eine Pfeife und ein Strumpf?
Beide kann man stopfen.

Was ist der Unterschied zwischen einem Gast im Wirtshaus und einem Kaminkehrer?

Der Wirtshausbesucher kehrt ein, der Kaminkehrer kehrt aus.

Was ist der Unterschied zwischen einem Baby und einem Weihnachtsbaum?

Der Weihnachtsbaum wird vor der Bescherung geputzt, das Baby nachher.

Was ist der Unterschied zwischen einer Zahnbürste und einer Klobürste?

Also, wenn du das nicht weißt, musst du beim Zähneputzen in Zukunft besser aufpassen!

Was ist der Unterschied zwischen einem Hund und einem Schauspieler?

Der Hund kommt, wenn gepfiffen wird, der Schauspieler geht ab.

Was ist der Unterschied zwischen einem Klavier und einem Eichhörnchen?

Wenn es den Baum hinaufklettert, ist es ein Eichhörnchen.

Was ist der Unterschied zwischen einer Geige und einer Straße?

Eine Geige hat eine G-Saite, eine Straße hat zwei Gehseiten.

Was ist der Unterschied zwischen Julius Cäsar und einem alten Schwein?

Julius Cäsar kam, sah und siegte, das Schwein lahmte arg und quiekte.

Was ist der Unterschied zwischen neuen und alten Fotos?

Auf alten Fotos siehst du jünger aus, auf neuen älter.

Was ist der Unterschied zwischen einem Knochen und der Schule?

Der Knochen ist für den Hund, die Schule für die Katz.

Was ist der Unterschied zwischen einem Chemiker und einer Hebamme?

Der Chemiker sagt „H_2O", die Hebamme sagt „Oha, 2".

Was ist der Unterschied zwischen dem Bundestag und einer Jeans?

Keiner. Bei beiden sitzen an den entscheidenden Stellen Nieten.

Was ist der Unterschied zwischen Gretel und Hänsel?

Gretel kann Hänsel hänseln, aber Hänsel kann Gretel nicht greteln.

Was ist der Unterschied zwischen Fernsehen und einem Gemüsemarkt?

Im Fernsehen gibt es mehr Konserven.

Was ist der Unterschied zwischen einem Spargelgericht und einem fiesen Mathelehrer?

Beim Spargel ist der Kopf das Beste.

Was ist der Unterschied zwischen einem Blitz und einem Maultier?

Der Blitz schlägt ein, das Maultier aus.

Was ist der Unterschied zwischen einem Glatzkopf und einem Moped?

Ein Moped kannst du frisieren.

Was ist der Unterschied zwischen einem Briefträger und einer Fensterscheibe?

Der Briefträger läuft erst und schwitzt dann, die Fensterscheibe schwitzt erst und läuft dann.

Was ist der Unterschied zwischen den Beamten einer Stadtverwaltung und Holz?

Holz arbeitet.

Was ist der Unterschied zwischen einer Zeitung und einem Radio?

Mit einem Radio kann man kein Katzenklo auslegen.

Was ist der Unterschied zwischen einem Fußgänger und einem Fußballer?

Der Fußgänger geht bei Grün, der Fußballer bei Rot.

Was ist der Unterschied zwischen einer Autofelge und einem Grundschullehrer?

Die Autofelge ist von Reifen umgeben, der Grundschullehrer von Unreifen.

Was ist der Unterschied zwischen einem Beinbruch und einem Einbruch?

Bei einem Einbruch muss man sitzen, bei einem Beinbruch dagegen liegen.

Was ist der Unterschied zwischen einer Radio- und Fernsehsendung und einer Taschengelderhöhung?

Radiosendungen kann man hören, Fernsehsendungen kann man sehen, aber von Taschengelderhöhungen hört und sieht man nichts.

236

Was ist der Unterschied zwischen einer Kaffeemaschine und einem verkalkten Lehrer?
Eine Kaffeemaschine kann man entkalken.

Was ist der Unterschied zwischen einer Zipfelmütze und einem Kirchturm?
Ein sehr großer.

Was ist der Unterschied zwischen einem Schriftsteller und einem guten Tennisspieler?
Der Tennisspieler verdient mit wenigen Sätzen mehr als der Schriftsteller.

Was ist der Unterschied zwischen Kindern und einem Paar Ski?
Ski werden gewachst, Kinder wachsen von alleine.

Was ist der Unterschied zwischen den alten Römern und den alten Griechen?
Die Römer konnten kriechen, aber die Griechen nicht römern.

Was ist der Unterschied zwischen einem Klavier und einer Geige?
Das Klavier brennt länger.

Was ist der Unterschied zwischen einem afrikanischen und einem indischen Elefanten?
Sie haben völlig verschiedene Postleitzahlen.

Was ist der Unterschied zwischen einem Schaukelstuhl und einem Nadelkissen?
Wenn du das nicht weißt, dann setz dich mal drauf.

Was ist der Unterschied zwischen einem Bergsteiger und einem Apotheker?
Der Bergsteiger hat ein Seil herum, der Apotheker hat ein Heilserum.

Was ist der Unterschied zwischen Wäschewaschen und Autofahren?
Die Wäsche weicht man ein, der Autofahrer weicht aus.

Was ist der Unterscheid zwischen einem Sack Zement und einem Saxofon?
Du musst mal reinblasen.

Was ist der Unterschied zwischen einem Zimmermädchen und einem Reisenden?
Das Zimmermädchen kehrt aus, der Reisende kehrt ein.

Was ist der Unterschied zwischen einem Schiff und einem Pullover?
Ein Schiff braucht zum Einlaufen einen Hafen.

Was ist der Unterschied zwischen einem Superhelden und einem pensionierten Trompeter?
Der Superheld tut Taten, der frühere Trompeter tat tuten.

Was ist der Unterschied zwischen einem Maikäfer und einem Pianisten?
Die Zahl der Flügel.

Was ist der Unterschied zwischen einem Auto und einer Rolle Toilettenpapier?
Das Auto kann man auch gebraucht kaufen.

Was ist der Unterschied zwischen Alter und Jugend?
Jugend ist das beste Alter, aber Alter ist nicht die beste Jugend.

Was ist der Unterschied zwischen einem Polizisten und einer Banane?
Der Polizist führt ab, eine Banane stopft.

Was ist der Unterschied zwischen einem Kaugummi und einer Unterhose?
Der Kaugummi schmeckt besser.

Worin besteht der Unterschied zwischen einem Floh und einer Katze?
Eine Katze kann einen Floh haben, aber ein Floh kann keine Katze haben.

Was ist der Unterschied zwischen einem Vegetarier und einem Fußballtrainer?

Der Vegetarier hat Tomaten auf dem Teller, der Fußballtrainer auf den Augen.

Was ist der Unterschied zwischen einer Zigarette und einem Heuwagen?

Am Heuwagen ziehen zwei Ochsen, an der Zigarette nur einer.

Was ist der Unterschied zwischen einem Jäger und einem Burggraben?

Im Burggraben schwimmt eine Seerose, der Jäger isst gerne Rehsoße.

Was ist der Unterschied zwischen einem fleißigen Sparer und einem Karpfen?

Ein Karpfen kommt höchstens mal bei Hochwasser auf einen grünen Zweig.

Was ist der Unterschied zwischen einem Bettvorleger und einem Schüler?

Der Bettvorleger darf an Schultagen morgens liegen bleiben.

Was ist der Unterschied zwischen einem Mathelehrer und einem Seestern?

Ein Mathelehrer quält mit Zahlen, ein Seestern zählt die Quallen.

Was ist der Unterschied zwischen einem Arzt und einem Schlossgespenst?

Der Arzt hat ein Wartezimmer, vom Gespenst hört man ein zartes Wimmern.

Was ist der Unterschied zwischen einem Menschen und einem Auto?

Beim Menschen gehen die Beulen nach außen, beim Auto nach innen.

Was ist der Unterschied zwischen einer Uhr und einem Fußballtrainer?

Die Uhr macht Ticktack und der Trainer hat eine Taktik.

Was ist der Unterschied zwischen warmem Wasser und den Hausaufgaben?

Das Wasser ist flüssig, die Hausaufgaben sind überflüssig.

Was ist der Unterschied zwischen Faulheit und Fleiß?

Fleiß kann man vortäuschen, faul muss man tatsächlich sein.

Was ist der Unterschied zwischen einem Esel und einem Pferd?

Es sind schon Esel auf Pferden geritten, aber noch nie ein Pferd auf einem Esel.

Was unterscheidet einen Fernseher von einem Gelegenheitstrinker?
Der Fernseher hat immer eine Mattscheibe.

Was verbindet Radio und Fernsehen?
Wer nicht hören will, muss sehen.

Saudumme Fragen

Wer kann höher springen als das Ulmer Münster?
Das Ulmer Münster kann nicht springen.

Warum sind Elefanten groß, grau und runzelig?
Wenn sie klein, weiß und glatt wären, würde man sie für Schlaftabletten halten.

Was versteht man unter einer Eisenbahnbrücke?
Kein Wort, wenn ein Zug darüber fährt.

Wie kann man aus Schweinsgulasch Rindsgulasch machen?
Man gibt das Schweinsgulasch auf einen Teller und neigt ihn etwas. Dann rinnt's Gulasch.

Was rollt durch die Schule und ist kuschelig?
Eine Katze auf Rollschuhen.

Es ist rot und bewegt sich auf und ab. Was ist das?
Eine Tomate im Aufzug.

Kann ein Mann, der südlich von Hamburg lebt, nördlich der Donau begraben sein?
Nein, denn dann lebt er ja noch.

Wer läuft im Winter durch den Wald und rasselt ohrenbetäubend?
Ein Fuchs mit Schneeketten.

250

Welches Tier ist braun, klein und sehr gefährlich?
Ein Spatz mit Maschinengewehr.

Es ist rot, hat zwei weiße Streifen und fährt auf und ab. Was ist das?
Eine Tomate mit weißen Hosenträgern im Aufzug.

Warum haben die Eisbären ein weißes Fell?
Damit man sie nicht mit Erdbeeren verwechseln kann.

Wie viele Kubikmeter Erde sind in einem Loch, das drei Meter lang, vier Meter breit und einen Meter tief ist?
In einem Loch ist überhaupt keine Erde mehr.

Was geschieht, wenn man einen Nagel in die Nase bohrt?
Alle rufen „Pfui!"

Welche zwei Speisen kann man nicht zum Frühstück essen?
Mittagessen und Abendessen.

Ist dieser Satz richtig? Paris schreibt man vorne mit „P" und hinten mit „h".
Ja, denn „hinten" schreibt man vorne mit „h".

Wenn Peter von A nach B fährt, wie schreibt man das mit drei Buchstaben?
d – a – s.

Was ist das? Es ist rot, 40 cm lang, sehr dünn und liegt in der Wüste?
Ein 40 cm langer roter Faden.

Was ist grau, fiept leise und wiegt drei Kilo?
Eine Maus, die dringend abnehmen muss.

Warum darf man zwischen 13 und 14 Uhr nicht in den Urwald gehen?
Weil die Elefanten dann Fallschirmspringen üben.

Warum sind Krokodile so flach?
Weil sie zwischen 13 und 14 Uhr doch in den Urwald gegangen sind.

253

Was schaut aus der Erde und ist rotweiß gestreift?
Ein Maulwurf im Schlafanzug.

Was hängt an der Wand und macht „Kikeriki"?
Eine Kuckucksuhr mit einem verrückten Kuckuck.

Was ist außen schwarz und innen grün?
Ein Schornsteinfeger, der Spinat gegessen hat.

Wie kommt ein Elefant in den Kühlschrank?
Tür auf, Milch zur Seite rücken, Elefant rein, Tür zu.

Wie kommt ein zweiter Elefant in den Kühlschrank?
Gar nicht, der Kühlschrank ist doch schon besetzt.

Woran erkennt man, dass ein Elefant im Kühlschrank war?
An den Fußabdrücken im Quark.

Warum ist die Banane krumm?
Weil keiner in den Urwald flog und die Banane gerade bog.

Woran erkennt man, dass Kartoffelchips wirklich frisch sind?
Wenn sie im Restaurant noch fünf Tische weiter an ihrem Krachen zu erkennen sind.

Was macht man, wenn man einen Teppich unter einem Elefanten hervorholen möchte?
Man wartet, bis der Elefant weg ist.

Was passiert, wenn ein Schuh um Mitternacht des 31. Dezembers in die Donau fällt?
Er wird nass.

Was macht ein Bär, der auf einen Baum geklettert ist und sich nun nicht mehr herunter traut?
Er setzt sich auf ein Blatt, wartet auf den Herbst und lässt sich dann auf ihm zur Erde tragen.

Was kündigt ein Barometer an, wenn es fällt?
Dass der Nagel locker war.

Ist es besser, Kaffee oder Tee mit der linken oder der rechten Hand umzurühren?
Es empfiehlt sich in jedem Fall, zum Umrühren einen Löffel zu verwenden!

Was ist schwarz und springt von Baum zu Baum?
Tarzan als Schornsteinfeger verkleidet.

Was macht „Quak! Quik! Quak!"
Eine Ente mit Schluckauf.

Warum sind die Köpfe von Löwen so groß?
Damit sie nicht durch das Gitter passen.

Womit beginnt jeder Unfall?
Mit einem „U".

Was macht 999-mal „tipp" und einmal „tapp"?
Ein Tausendfüßler mit einem Holzbein.

257

Es liegt am Teich und ist rot. Was ist das?
Ein Frosch mit Sonnenbrand.

Was ist weiß und spring von Baum zu Baum?
Tarzan im Nachthemd.

Was hat Streifen und dreht sich im Kreis?
Ein Zebra in der Drehtür.

Was bedeutet Wc?
Großes Weh am kleinen Zeh.

Warum schwimmt der Elefant auf dem Rücken?
Damit seine Socken nicht nass werden.

Woran merkt ein Indianer, dass drei Büffel auf der Fensterbank sitzen?
Daran, dass das Fenster nicht schließt.

Was ist schwarz und gelb, fliegt durch die Luft und macht „mus mus"?
Eine Biene, die rückwärts fliegt.

Was ist gelb und schwingt sich an einer Liane durch den Urwald?
Tarzan im Regenmantel.

Was passiert, wenn man den kleinen Finger in Salzwasser taucht?
Er wird nass.

259

Es steht auf der Wiese, ist blau und macht „Quack".
Was ist das?
Eine Kuh im Trainingsanzug mit Sprachfehler.

In welche Gläser kann man am besten einschenken?
In leere Gläser.

Was ist Stohl und was ist Ukelst?
„Stohl" ist ein Tippfehler und sollte „Stuhl" heißen,
„Ukelst" ist die Mitte von „Schaukelstuhl".

Was ist das? Es macht ganz leise „Tap Tap Tap Pft"
und dann wieder „Tap Tap Tap Pft"?
Eine Maus, die über eine heiße Herdplatte läuft
und nach jedem dritten Schritt anhält und über ihre
Pfötchen bläst.

Es sitzt auf der Wiese, ist blau und macht „muh".
Was ist das?
Eine Kuh, die zu viel Bier getrunken hat.

Was muss man unbedingt tun, bevor man aufsteht?
Sich hinlegen.

Wer sitzt auf der Wiese, ist grün und macht „muh"?
Ein Laubfrosch mit Sprachfehler.

Wann fällt ein Butterbrot nicht auf die bestrichene Seite?
Wenn man es gut festhält.

Was steht im Wald, ist rosa und bunt?
Ein Bär in einem billigen Trainingsanzug.

Was für eine Zeit ist es, wenn sich ein Elefant in einen Schaukelstuhl setzt?
Zeit für einen neuen Schaukelstuhl.

Wie lange fliegt ein Flugzeug?
Bis es landet.

Was schwingt sich im Dschungel von Baum zu Baum und ist besonders gefährlich?
Ein Gorilla mit einem Maschinengewehr.

Lachen, bis die Schulglocke klingelt

Wer sagt denn, dass Schule nicht lustig ist? Mit diesen Schülerwitzen kommt ihr aus dem Lachen nicht mehr heraus! Ihr könnt das Buch sogar gefahrlos ins Klassenzimmer mitnehmen, denn aufgeschlagen sieht es wie ein Schulbuch aus! Zum Selberlesen und Weitererzählen!

Die coolsten Schülerwitze der Welt

268 Seiten (Spitzen-Witze ohne Ende), gebunden
€ 5,00 [D]
ISBN 978-3-505-12933-9

www.schneiderbuch.de

EGMONT
Verlagsgesellschaften

Schneider Buch

Nicht nur lachen — selber machen!

Wieder mal nichts zu lachen? Dann her mit dem Witz-O-Mat! Aus dem purzeln die Witze am laufenden Band, und die Lachmuskeln werden auf eine harte Probe gestellt. Die besten Witze macht man sich einfach selbst. Das Ergebnis? Ablachen ohne Ende.

Viel Spaß!

Erhard Dietl
Der Witz-O-Mat
268 Seiten (voller Knallerwitze), gebunden
€ 5,00 [D]
ISBN 978-3-505-12851-6

www.schneiderbuch.de

EGMONT
Verlagsgesellschaften

Schneider Buch

www.schneiderbuch.de

Ultracoole Schülerausreden

Hausaufgaben vergessen, zu spät gekommen oder einfach keine Lust auf den Sportunterricht? Mit diesen frechen, originellen und witzigen Schülerausreden hast du immer die perfekte Entschuldigung für alle Fälle.

Pat Lauer
Ultracoole Schülerausreden

268 Seiten (voller einmaliger und urkomischer Ausreden), gebunden
€ 5,00 [D]
ISBN 978-3-505-12802-8

www.schneiderbuch.de

EGMONT
Verlagsgesellschaften